Lk 3348

DOCUMENTS

HISTORIQUES

SUR LA HERSE

FORÊT DE BELLÊME,

PAR

LE Dr JOUSSET,

Médecin de l'Hôpital de Bellême, etc.

A une époque où l'administration et le conseil d'hygiène publique de l'arrondissement de Mortagne s'occupent avec sollicitude de l'importante question de l'eau minérale de la Herse, située dans la forêt de Bellême, les amateurs d'antiquités, ceux qui estiment que se préoccuper de ce qu'ont pensé, dit, écrit et fait leurs pères, n'est point une vaine spéculation d'esprit, liront peut-être avec quelque intérêt les documents qui vont suivre, sur un lieu digne d'attention par son ancienneté, les souvenirs qui s'y rattachent, les services qu'il a rendus à l'humanité souffrante et qu'il peut rendre encore à tous

1855

ceux qui sauront se servir des précieuses ressources qu'il possède.

L'appréciation de l'avantage des eaux de la Herse n'est point un fait récent; nos pères aussi bien que nous savaient contempler les phénomènes de la nature et les faire tourner à leur usage.

Les caractères physiques de cette fontaine sont trop manifestes pour ne point frapper l'attention de l'homme le plus ignorant et lui révéler que cette eau qui sort du sein de la terre en bouillonnant, qui se couvre incessamment d'une pellicule irisée, qui teint de jaune tout ce qu'elle touche, qui laisse précipiter au fond de tous les vases qui l'ont contenue une poussière métallique, qui laisse dans la bouche après le goûter une saveur styptique si prononcée qu'elle se maintient pendant une heure, n'est point de l'eau commune, mais doit jouir de propriétés spéciales; ce qui a lieu en effet.

Les premiers habitants des Gaules, les *Essui*, peuplade armoricaine sur laquelle Jules César nous donne des renseignements dans ses Commentaires, ces hommes en tout si primitifs avaient déjà remarqué les signes exceptionnels de cette eau et avaient nommé le lieu *Ersia,* d'où fut fait le mot *Herse :* la fontaine, la piscine par excellence.

Les Romains qui s'établirent dans le *Saltus Perticus*, à la suite des Saïens, étaient trop bons observateurs, trop fervents appréciateurs de la valeur des eaux minérales pour négliger celle qui s'offrait si bien à eux; ils entourèrent le *Ersia* des *Essui,* des Saïens, de leur culte mythologique; et suivant leur habitude de rapporter toute chose à la divinité, ils placèrent, d'après des épreuves judicieusement faites, la fontaine sous l'invocation de la déesse Aphrodite, *Aphrodisium*, la déesse qui guérit la stérilité, qui donne le bienfait de la fécondité. Ils durent aussi dédier la fontaine aux dieux de l'endroit, aux silvains, aux nayades, dieux inférieurs, *diis inferis*, comme ils les classaient. La dédicace à Mars, Mercure, Vénus, *Marti, Mercurio et Veneri sacrum* est plus difficile à expliquer et peut donner lieu à une foule d'hypothèses.

Après les Romains, le silence le plus absolu se fait autour de la *Herse* : l'invasion barbare, la pression féodale où l'homme n'était plus pour son seigneur brutal que l'équivalent du cheval et du bœuf, la misère publique ne laissèrent point de loisir à la contemplation, à l'appréciation des eaux minérales, au luxe de leur usage en boisson, en remède. Les premiers chrétiens ne se pressèrent pas de placer sous le patronage de la religion un lieu qu'ils trouvaient sous l'invocation de divinités payennes. On sait même que leur susceptibilité ombrageuse les éloigna systématiquement de tous les lieux hauts et bas qui avaient été consacrés par la religion précédente; il faut parcourir une longue période avant de retrouver des documents de quelque intérêt sur la Herse. Le premier mari de la femme qui fut plus tard madame de Maintenon et ensuite la deuxième épouse du roi Louis XIV, dit dans son *Roman Comique*, à la fin du chapitre septième :

> Le premier branchard portait le curé de Domfront qui venait des eaux de Belléme et passait au Mans pour faire une consulte de médecins sur sa maladie.

Scarron vivait voilà deux cents ans, au milieu du xviiᵉ siècle ; pendant assez longtemps il habita la ville du Mans. Personnage d'infiniment d'esprit, très répandu, sachant son monde, il connaissait très bien ce qui se passait à côté de lui, à Bellême, et alors la réputation de la Herse appelait de loin un homme haut placé, tel qu'était dans ce temps le curé de Domfront.

Au xviiᵉ siècle, cette période si brillante de notre histoire nationale, le Perche compte trois historiens qui ont laissé des Mémoires précieux pour l'histoire de la province : Bar des Boulais, René Courtin, Bry de la Clergerie. Le talent n'enrichit pas toujours ; un seul de ces auteurs a pu faire imprimer son travail, Bry de la Clergerie, dont il reste encore quelques rares in-quarto ; Bar des Boulais, le premier dans l'ordre, né à Mortagne, où il exerça les fonctions de notaire, pour complaire à Catinat, l'aïeul du maréchal de France de ce nom, rédigea un *Recueil des Antiquités du Perche, Comtés et Seigneuries du pays,* manuscrit déposé au Vatican à Rome, dans lequel on lit sur la Herse :

> Dans la dite forrest sur le grand che-

> min de Mortagne à aller au dict Bellesme, il y a une fontaine nommée Herse, de laquelle l'eau est si efficace que ceux qui s'en lavent et qui sont grateleux, taègneux, et austre mal, en sont guaris et spécialement elle est fort bonne pour la maladie de gravelle, qui prise au matin à ieun casse et brise la pierre et ouvre les porres.

Ainsi s'exprimait Léonard Bard en l'année 1611.

René Courtin, avocat à Nogent-le-Rotrou, à la fin du xvie siècle, composa aussi une histoire du Perche in-folio et restée manuscrite. Courtin dit sur la Herse :

> La forrest de Bellesme est encore enrichie de plusieurs belles et agréables fontaines, même il s'y est trouvé, en 1607, une qui est minérale et a de grandes propriétés; l'essay en fust faict par plusieurs personnes de qualité de la ville et nous y allâmes de compagnie; elle s'appelle de toute antiquité la fontaine de la Herse, je crois que si elle était cultivée on y trouverait de grandes propriétés et vertus.

Le dernier dans l'ordre, Bry de la Clergerie, né au Tertre, près Bellême, à la fin du xvie siècle, publia au commencement du siècle suivant, année 1620, son *Histoire des Pays et Comtés du Perche et Duchés d'Alençon* où on lit :

Au milieu de la dite forrest de Bellesme est une fontaine nommée la Herse, d'eauës salubres au corps humain, autant estimée à présent par les médecins et autres experts que celles de Pouques et de Forges, tant on y a veu en ces dernières années de guarisons presque miraculeuses. J'en ay le premier fait faire l'espreuve par les médecins de Paris, ensemble de celles de Chesne-Gallon, qui sont pareilles.

Ces lignes de Bry de la Clergerie sont très explicatives. Ainsi, au commencement du xviie siècle, au temps de Henri IV et de Louis XIII, cet historien éclairé nous le déclare, les eaux de la Herse étaient fort recherchées et produisaient des guérisons miraculeuses. Ceux qui ont éprouvé sur eux-mêmes les excellents effets de l'eau de la Herse, au milieu du siècle présent, attesteront qu'il n'y a rien d'exagéré dans l'exposition laudative de Bry de la Clergerie.

Baudelot, membre de l'Académie des Inscriptions et Belles-Lettres, en 1717, communiqua à sa société une Dissertation sur la Herse. Il reconnaît la double inscription comme romaine et tente de démontrer que Vénus, Mars, Mercure étaient des divinités infernales. Vénus, dit-il, préside à l'Averne; Mars envoie aux lieux inférieurs des mortels en quantité; Mercure orné de ses ailes conduit les âmes à Caron.

Duclos, médecin de Louis XIV mentionne

les eaux minérales de la Herse dans un Traité des Eaux minérales de France, édité en 1775.

Desnos, auteur d'une précieuse histoire d'Alençon et de ses seigneurs, en deux volumes, note la Herse en 1787.

Un administrateur distingué, qui a laissé d'honorables souvenirs dans l'arrondissement longtemps confié à son zèle, Delestang, né à Mortagne, le 2 avril 1750, et sous-préfet jusqu'en 1814, dit dans sa Chorographie du quatrième arrondissement de l'Orne :

> La Herse, située dans la forêt de Bellême, commune du Vieux-Bellême, 2727 mètres nord de Bellême et à 13736 mètres de Mortagne, attenant à la route qui sert de communication à ces deux villes. Les eaux de cette fontaine sont seulement ferrugineuses, froides, etc. Il y avait autrefois deux sources différentes qui versaient leurs eaux dans deux bassins séparés l'un de l'autre par une maçonnerie assez mince; elles étaient nommées l'une la petite, et l'autre la grande fontaine. L'eau de celle-ci était plus ferrugineuse que celle de l'autre et l'on était dans l'usage de commencer par la grande, on passait ensuite à la petite; quelquefois on la mêlait; aujourd'huy ces deux sources se mêlent naturellement en tombant dans leurs bassins qui se communiquent par la dégradation des murs qui les séparaient. On a trouvé sur les pierres de cette fon-

taine une inscription en lettres très ananciennes qui fait voir qu'on lui reconnaissait ou supposait d'autres principes.

Dans le *Dictionnaire des Sciences médicales*, dans l'ouvrage de l'académicien Pâtissier sur les eaux minérales de France, dans le *Dictionnaire de France*, de M. Briand de Verzé, dans *La France Pittoresque*, de Victor Hugo, dans *La France Descriptive et Géographique*, de Avriol, l'*Annuaire de l'Orne* de 1811, la Herse est seulement indiquée.

M. Léon de la Sicotière, avocat à Alençon, résume ces travaux dans son *Orne Pittoresque*.

L'abbé Fret, dans les *Chroniques Percheronnes*, année 1838, histoire la plus complète de notre pays, reproduit ce qu'ont dit Bry de la Clergerie et les autres historiens.

Odolant Desnos, le petit-fils de l'auteur des *Mémoires historiques sur Alençon*, dit avec une parfaite raison :

> Beaucoup d'estomacs délabrés leur ont dû un parfait rétablissement, et peut-être que si elles étaient vantées par quelque médecin célèbre, elles pourraient opérer des effets aussi salutaires que beaucoup d'autres qu'on va chercher fort loin.

Rien de plus vrai que ces judicieuses paroles qui sont consacrées par des expériences faites avec suite pendant ces vingt-cinq dernières années.

Un homme d'une grande érudition, et que citent avec éloge ceux qui l'ont connu, M. Roullier, juge d'instruction à Nogent-le-Rotrou, a publié dans *Le Nogentais* une suite d'articles sur Nogent et ses environs. Le numéro du 22 août 1841 contient une longue dissertation sur la Herse. Nous en citons une partie à cause de son originalité. Cette source si modeste a excité la verve des meilleurs esprits :

A la religion des Druïdes avait succédé le paganisme romain..... Vénus avait un temple près de la source de la Braye entre Saint-Bomer et Ceton..... Elle en avait un autre au milieu de la forêt de Bellême, son existence est révélée par deux inscriptions latines antiques parfaitement conservées et gravées sur deux pierres de la fontaine de la Herse. L'une porte :

Aphrodisium. — Vénus.

Et l'autre :

Deis inferis. — Aux Dieux des Enfers.
Veneri. — Vénus.
Marti el. — Mars.
Mercurio. — Et Mercure.
Sacrum. — Consacré.

Vénus était adorée dans ce lieu sous le titre de déesse des Cieux et de déesse des Enfers. Les opinions pourraient se partager sur le sens de la première de ces inscriptions. A-t-on voulu par le nom *Aphrodisium* exprimer la propriété des eaux de la Herse ?

S'est-on au contraire borné à croire qu'on a voulu désigner Vénus sous le nom que les Grecs lui donnaient ?

Pour moi je n'hésite pas à croire qu'on a voulu indiquer l'existence du temple de cette déesse dans le voisinage et constater la propriété minérale des eaux de la fontaine auxquelles la vertu de ranimer la beauté et de ranimer la fécondité est attribuée. Je demande dans quel but les temples de Vénus étaient placés tous deux auprès d'une source d'eau vive, si ce n'était pour faire ressortir l'allégorie qui enveloppait sous son nom le symbole de la procréation.

Par la seconde inscription on regarde Vénus comme inséparable de Mars et de Mercure. On la range parmi les divinités infernales parce qu'elle précipitait l'homme aux enfers par l'abus des plaisirs, tandis que Mars les peuple de guerriers moissonnés par le sort des combats et que Mercure se charge d'y conduire les ombres et de les ramener.

Enfin sur un théâtre plus scientifique se reproduisait une dernière fois la question de la valeur des eaux de la Herse. Dans la séance du 27 juillet 1852, M. Charault, préparateur de physique au lycée impérial Napoléon, présentait à l'académie de Médecine un *Mémoire sur les eaux minérales de la Herse*. Après des considérations historiques, l'auteur riche des moyens d'investigation que lui fournit sa position particulière, donne les conclusions de son examen ; examen physique, examen chimique : Les eaux de la grande source, dit-il, que prennent les personnes qui se rendent à la Herse, gardées quelque temps dans un flacon fermé, déposent de légers flocons jaunâtres lorsqu'il y a quelque temps qu'elles n'ont été agitées, elles se recouvrent d'une pellicule irisée et extrêmement mince, d'une composition identique à celle du dépôt; cette pellicule est connue dans le pays sous le nom de crême, elle est fort recherchée de ceux qui viennent prendre les eaux; ils lui attribuent même une grande vertu. La température constante de la source est de 10 degrés en janvier, mai, juin ; quelle que soit la température extérieure de l'atmosphère. L'analyse a fourni :

Acide carbonique,
Oxigène,
Azote,
Chlorure de calcium,
Chlorure de sodium,
Chlorure de magnésium,
Sulfate de chaux,
Sulfate de soude,
Sulfate de magnésie,
Acide silicique,
Carbonate de chaux,
Carbonate de magnésie,
Sesquioxide de fer,

Iodure de potassium,
Matières organiques.

Le dépôt abondant laissé par l'eau dans son parcours sur les bordures du ruisseau, sur les cailloux, fournit à l'analyse :

Acide silicique,
Carbonate de magnésie,
Carbonate de chaux,
Sesquioxide de fer.

L'académie de Médecine, peu laudative de sa nature, a donné son approbation au travail de M. Charault, dans sa séance du 2 décembre 1852, par l'organe de M. H. Gaultier de Claudry, rapporteur.

En comparant les eaux de la Herse à celles identiques de Spa, de Bussang, de Forges, on trouvera ces dernières beaucoup plus actives; ce qui n'est pas une raison pour négliger une ressource que l'on a sous la main, quand l'expérience des siècles a suffisamment prouvé son efficacité. Ceux qui ont fait une étude spéciale des eaux minérales le savent, le dernier mot de la science n'est pas prononcé sur ces agents fournis par la nature. Ainsi, jusqu'à ces derniers temps on avait ignoré qu'un des principes les plus actifs des eaux du Mont-Dore, ces eaux si puissantes, fût un sel d'arsénic, toxique meurtrier qui devient un agent salutaire appliqué à plusieurs de nos maladies, et manié par des mains habiles. Personne ne mettra en doute l'efficacité des eaux de Bagnoles, arrondissement de Domfront. Ses qualités physiques sont remarquables. Le thermomètre centigrade lui reconnaît vingt degrés de température. L'eau attaque le plomb et le cuivre lui-même dans les tuyaux de conduite qui en sont corrodés et perforés dans l'espace de quelques années, malgré une épaisseur assez considérable. Les mêmes effets ont lieu pour le calcaire marbre, puisqu'une cuvette en marbre de Sainte-Anne à parois d'au moins trois centimètres d'épaisseur, destinée à capter l'eau à la sortie de la source, n'a pu servir à cet usage l'espace même d'un an, s'étant perforée en plusieurs points. Eh bien! ces mêmes eaux d'une qualité physique si énergique, ne présentent à peu près rien à l'analyse chimique; et la science n'a pas expliqué le pourquoi d'une pareille action. Mais doutera-t-on qu'une pareille activité sur les métaux devienne sans puissance sur le corps de l'homme? Beaucoup d'eaux minérales n'ont pas encore révélé le secret de leur efficacité à la science chimique. A cette occasion le judicieux M. L. Desnos dit: j'ajouterai que, dans l'appréciation de l'action des eaux minérales, il faut certainement tenir compte des données fournies par l'analyse chimique, mais qu'on ne doit pas leur attribuer l'importance capitale que quelques personnes sont portées à lui accorder. La chimie n'a pas jusqu'à présent répondu aux espérances qu'on avait fondées sur elle pour approfondir l'étude de cette classe intéressante d'agents curatifs. Connaissons-nous mieux que Bordeu les propriétés médicales des eaux des Pyrénées tant de fois scrutées? Et les eaux de Forges qui, d'après Robert, ne contiennent que cinq sixièmes de grain de carbonate de fer, s'avisera-t-on de nier leur caractère évidemment ferrugineux? Savons-nous quelles combinaisons unissent entre eux les principes salins que l'analyse révèle dans une source? Est-ce sur quelques centigrammes de plus ou de moins de sels minéralisateurs qu'on établira à l'avance l'efficacité d'une eau minérale? Sommes-nous arrivés à pouvoir apprécier autrement que par ses effets, souvent inexplicables, ce principe occulte que Bordeu appelait l'esprit des sources.

Ces opinions ne sont point personnelles au docteur Desnos, ainsi qu'il l'avoue lui-même; elles sont partagées par la plupart de ceux qui se sont occupés d'eaux minérales. Les savants qui ont beaucoup étudié ces questions depuis un certain nombre d'années, Isidore Bourdon, Patissier, Donné ne sont pas d'un avis différent. Il faut l'avouer en toute humilité, et, sans courir après des explications qui ne sont souvent que de pures hypothèses, dire : telle source guérit parce qu'elle guérit.

Ailleurs les propriétés médicales des eaux de la Herse ont été exposées. Elles s'appliquent très bien aux gastralgies (faiblesses d'estomac), à la longue série des névroses (maladies nerveuses), à la chlorose (pâles couleurs), à toutes les débilités provenant de maladies chroniques. Repousser systématiquement une précieuse ressource que la nature a placée sous notre main pour nous en servir dans nos besoins, est un déni de justice dont nous devons compte à l'humanité.

Depuis deux ans, par les soins de M. De Boisdhyver, inspecteur des forêts à Mortagne, le lieu de la Herse a subi une restauration complète. C'est aujourd'hui un lieu charmant de propreté, de coquetterie, très accessible aux curieux, aux malades et aux amateurs de plaisir. La Herse est digne, comme en ses temps les plus glorieux, et peut donner à de nombreux visiteurs : aux uns, la santé qu'ils recherchent; aux autres, le plaisir qu'ils désirent.

Justes envers nos contemporains ne soyons pas oublieux des services de ceux qui les ont précédés. L'aménagement actuel, cirque dans le bois, bassin circulaire au centre, établissement des dalles, ruisseau de déversement, etc.; ces améliorations sont dues à Geoffroy, grand-maître des eaux et forêts de la généralité d'Alençon. La restauration se fit en 1770, pour satisfaire aux besoins d'une époque où les eaux de la Herse étaient estimées, recherchées et fréquentées, — *suum cuique.*

MORTAGNE. — Imprimeries de LONCIN et DAUPELEY.

www.ingramcontent.com/pod-product-compliance
Lightning Source LLC
Chambersburg PA
CBHW060933050426
42453CB00010B/1993